VENTE

Du Mercredi 10 Mai 1899

HOTEL DROUOT, SALLE N° 6

à deux heures

TABLEAUX

ANCIENS ET MODERNES

AQUARELLES, DESSINS, PASTELS

M⁰ **PAUL CHEVALLIER**, commissaire-priseur
10, rue Grange-Batelière.

MM. FÉRAL, experts
54, faubourg Montmartre.

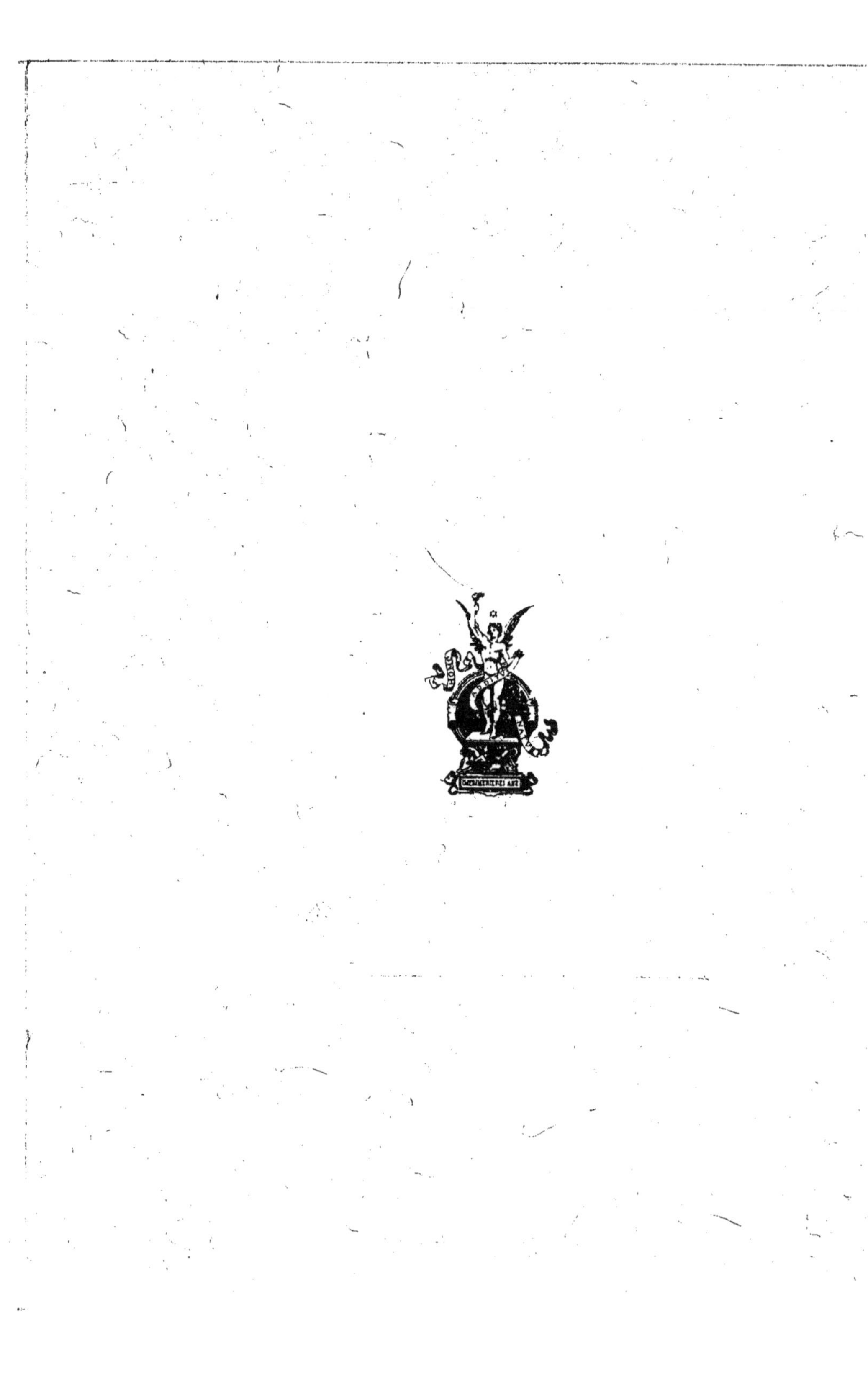

CONDITIONS DE LA VENTE

Elle sera faite au comptant.

Les adjudicataires payeront CINQ POUR CENT en sus des enchères.

Imprimerie de l'Art, E. Moreau et Cie, 41, rue de la Victoire.

DÉSIGNATION

TABLEAUX ANCIENS

ARTOIS (J. Van)

1 — *Paysage accidenté ; le muletier.*

BOILLY

2 — *Portrait de femme.*

En robe blanche, drapée dans un manteau rouge.

BOUCHER (Attribué à François)

3 — *Le Repos des bergers.*

Un jeune homme pique des fleurs dans les cheveux d'une bergère, en robe jaune rayée de bleu, assise sur le gazon et tenant une corbeille de fleurs. A gauche, un autre berger, montant à un arbre, se retourne vers une jeune fille qui tresse une couronne de fleurs.

Jolie peinture décorative.

CASTIGLIONE (Benedetto de)

4 — *Offrande au dieu Pan.*

Grande toile décorative.

CRANACH

5 — *La Charité*.

Cadre en bois noir.

DEBUCOURT (Attribué à)

6 — *Intérieur*.

Esquisse.

DEMARNE

7 — *Jeux villageois*.

Un berger, assis sur le gazon, était occupé à traire une chèvre blanche. Trois jeunes filles se sont approchées à pas de loup : l'une lui tire l'oreille, l'autre saisit son chapeau, la troisième se moque de lui. Son chien lampe le lait du baquet renversé dans la bagarre. Un autre chien aboie. Des vaches et des ânons paissent à l'ombre de deux grands chênes. D'autres bestiaux sont disséminés dans la plaine.

Signé à gauche.

Haut., 44 cent.; larg., 64 cent.

DUMONT LE ROMAIN

8 — *Sujet tiré de l'histoire romaine*.

FREDOU (Attribué à)

9 — *Portrait de Femme sous les attributs de Diane chasseresse*.

GERARD (Attribué à Mlle M.)

10 — *La Bonne Mère.*

GIORGIONE (Attribué à)

11 — *Portrait d'Homme, en buste.*

GOSSE (N.)

12 — *Bacchus et Ariane. — Paris et Hélène.*

Deux pendants, signés et datés 1828.

GREUZE (D'après)

13 — *Jeune Fille, en buste.*

GRIMOU

14 — *Le Joueur de flageolet.*

C'est un jeune garçon, coiffé d'un feutre noir à plumes rouges, vêtu d'un pourpoint jaune à taillades sur les manches et d'un mantelet de soie rose. Figure à mi-corps.

Signé et daté.

HONTHORST (G.)

15 — *Portrait de Femme.*

En buste, avec collerette en guipure.

Signé et daté 1636.

LAGRÉNÉE

16 — *Sujet tiré de l'histoire grecque.*

> Alexandre domptant Bucéphale et recevant le prix de sa victoire?
> Bon tableau signé et daté 1758.

LE PRINCE (J.-B.)

17 — *Vue d'un parc.*

LOUTHERBOURG

18 — *Paysage avec figures et animaux.*

MARIESCHI

19 — *Deux Vues de Venise; en pendants.*

20 — *Deux autres.*

MURILLO (École de)

21 — *Saint Jean-Baptiste, enfant.*

22 — *L'Enfant-Jésus.*

NEER (Attribué à Églon Van der)

23 — *La Leçon de sculpture.*

NEER (D'après Karl Van der)

24 — *Vue de Hollande.*

> Effet de clair de lune.

OSTADE (D'après Van)

25 — *Intérieur de cabaret.*

PATER (D'après)

26 — *Convoi militaire et Campement.*
Deux pendants.

POELEMBURG (C.)

27 — *Les Baigneuses.*

POTTER (Attribué à Paulus)

28 — *Taureau debout et brebis couchée contre une haie, dans un pré.*

POUSSIN (École du)

29 — *Sujet tiré de l'histoire romaine.*

POUSSIN (École du)

30 — *Moïse sauvé des eaux.*

RUBENS (École de)

31 — *Amours vendangeurs.*

RUBENS (D'après)

32 — *Le Gentilhomme entreprenant.*

STEWEN (E.)

33 — *Bouquet de fleurs.*
Cadre en bois sculpté.

TAUNAY (D'après)

34 — *La Noce de village.*

TENIERS (D'après)

35 — *Les Joueurs de cartes.*

TENIERS (École de)

36 — *Intérieur de cabaret.*

TINTORETTO

37 — *Portrait d'un Personnage vénitien.*
A mi-corps; fond de paysage.

VALENTIN

38 — *La Bonne Aventure.*

VALLIN

39 — *Bacchante.*
Signé et daté 1824.

VENNE (Genre de Van der)

40 — *Fête de village.*

ÉCOLE ALLEMANDE

41 — *Vénus et l'Amour.*

ÉCOLE FLAMANDE (Fin du xve siècle)

42 — *L'Adoration des Rois Mages.*

ÉCOLE FLAMANDE

43 — *Fleurs, fruits et perruche.*

ÉCOLE FLAMANDE

44 — *Cabaret.*

ÉCOLE FRANÇAISE

45 — *Fête champêtre.*

ÉCOLE FRANÇAISE

46 — *Quatre Petits Portraits.*

Très finement peints. Ovales.

ÉCOLE FRANÇAISE

47 — *L'Escorte d'un moribond.*

ÉCOLE FRANÇAISE

48 — *Deux Portraits.*

ÉCOLE HOLLANDAISE

49 — *Portrait d'une Fillette tenant des fleurs de chaque main.*

ÉCOLE HOLLANDAISE

50 — *Incendie, la nuit.*

ÉCOLE ITALIENNE

51 — *Étal de Poissonnier.*

TABLEAUX MODERNES

BAYLE

52 — *Fleurs et Fruits.*

BELLY (Léon)

53 — *Chameau monté broutant.*
Etude.

BENASSIT (E.)

54 — *La Retraite.*
Effet de neige.

BOULOGNE

55 — *Vaches au bord d'une mare.*

BOUQUET (M.)

56 — *La Ferme.*

BOUQUET (Michel)

57 — *Une Plage, au soleil couchant.*

CASANOVA Y ESTORACH

58 — *Les Confesseurs.*

COTTIN (D'après Roslin)

59 — *L'Offrande à l'Amour.*

COURBET (Genre de G.)

60 — *Sous bois.*

DURAND BRAGER

61 — *Marine.*

GARNIER (JULES)

62 — *Bacchus contre les Indiens.*

GRANDSIRE (E.)

63 — *Rivière sous bois.*

GRITSENKO (1892)

64 — *Saint-Valéry en Caux.*

GUILLEMET (A.)

65 — *Sentier au bord de la mer.*

KRATKÉ

66 — *Un Incroyable.*

LAPOSTOLET

67 — *Bords de rivière.*

LUMINAIS (Ev.)

68 — *La Rentrée des foins.*

MEISSONIER (CHARLES)

69 — *Matelot réparant sa voile.*

MONTICELLI (Genre de)

70 — *Faust et Marguerite.*

PALIZZI

71 — *Oiseaux morts.*
  Deux pendants.

PALIZZI

72 — *Ane et agneaux.*

PALIZZI

73 — *Chèvres.*

PALIZZI

74 — *Ane blanc, chèvres et moutons.*

PALIZZI

75 — *Le petit berger.*

PALIZZI

76 — *Troupeau de mouton au bord d'un ruisseau.*

77 — *Buisson au milieu des prés.*

PASTORIS (1876)

78 — *Salle des Espagnols dans le château de la
Monta, en Piémont.*

Haut., 37 cent.; larg., 49 cent.

(Collection Hartmann.)

RIGOLOT (A.)

79 — *Les Meules.*
Signé avec dédicace à M. Yon.

ROYBET (F.)

80 — *Mandoline, partition et étoffe brodée posés sur une table.*

VERNON (Paul)

81 — *Mare dans la forêt.*

VOILLEMOT

82 — *L'Ivresse de Silène.*

VOLLON (A.)

83 — *Champ de blé sur une falaise.*
Signé à gauche.

WATELIN (L.)

84 — *Vaches couchées dans une prairie.*

85 — *La Mare aux canards.*

86 — *Le Moulin.*

ÉCOLE MODERNE

87 — *Femme brune.*

88 — *Pensées dans une bourriche.*

89 — *La Petite Paysanne.*

90 — *Tête de vieillard.*
Cadre noir.

AQUARELLES, DESSINS, PASTELS
ANCIENS ET MODERNES

BATTERN (Van)

91 — *Vue de Hollande ; effet d'hiver.*
Aquarelle.

BOUQUET (Michel)

92 — *Intérieur de forêt.*
Aquarelle.

93 — *Fleurs, fruits et papilllons.*
Aquarelle.

BOUQUET (M.)

94 — *Environs d'Édimbourg.*
Pastel.

95 — *Effet d'hiver.*
Pastel.

96 — *Rivière avec pont.*
Pastel.

97 — Quinze paysages à l'encre de Chine seront
vendus sous ce numéro.

BROCHART

98 — *La Dame aux raisins.*
Pastel.

FICHEL (E.)

99 — *Mousquetaire Louis XIII.*
Aquarelle signée.

GUIOT (Hector)

100 — *Galeries voutées; Tyrol.*
Aquarelle.

101 — *Vue du Tyrol.*
Aquarelle.

HARPIGNIES (H.)

102 — *Le Petit Pont.*
Plume et lavis. Signé.

HARTMANN (Lucie)

103 — *Jeune Femme en buste.*
Pastel.

INGRES

104 — *Portrait d'Homme.*
Vu de trois quarts, à mi-corps, en habit, la main gauche dans l'ouverture du gilet, la droite appuyée sur la canne.
Beau dessin à la mine de plomb avec rehauts de blanc.
Signé.

INGRES

105 — *Portrait de Femme.*
Petit dessin à la mine de plomb.

JACQUET (G.)

106 — *Le Petit Déjeuner.*

Aquarelle.

LEBARBIER (Attribué à)

107 — *Henri IV et Gabrielle d'Estrée.*

Dessin au crayon noir, date 12 novembre 1789.

LUNEL

108 — *Éventail (paysages parisien), la Terrasse des Tuileries.*

Plume avec rehauts de bleu.

MEISSONIER (?)

109 — *Dragon à cheval.*

Aquarelle signée du monogramme et provenant de la vente de l'artiste.

PALIZZI

110 — *Gondoles sur un canal.*

Aquarelle.

111 — *Arbre à travers des ruines.*

Aquarelle.

112 — *Ane et poulains.*

Aquarelle.

RŒDEL

113 — *Japonaise.*— *Jappe au nez.*

RŒDEL

114 — *L'art.* — *Lard.*
    Plume avec rehauts de bleu et de blanc.

SWEBACH DIT FONTAINES

115 — *Lancier à cheval.*
    Lavis avec rehauts de blanc.

WILLETTE (A.)

116 — *Le Grand Soir.*
    Dessin à la plume.

ÉCOLE FRANÇAISE

117 — *Portrait de Femme, en costume Louis XV.*
    Pastel.

118 — *Deux Jeunes Filles, vues en buste.*
    Pastels.

ÉCOLE MODERNE

119 — *Paysage avec figures sur un chemin.*
    Aquarelle.

120 — *Jeune Fille blonde avec bracelets de perles.*
    Pastel.

GRAVURES ET DIVERS

121 — *La Risée*, d'après Taunay.
Gravure de Descourtis.

122 — Deux gravures d'après C. Van Loo : La
Conversation espagnole ; La Lecture espagnole.

123 — Gravure : La Tendresse maternelle,
d'après Mme Vigée-Lebrun.

124 — Miniature : Portrait de Femme.

125 — Gravure : L'Aurore et Céphale, par Fors-
ter, d'après Guérin.

126 — Seize pièces : peinture, gravures, eaux-
fortes, chromos, etc., sous ce numéro.

127 — Cadre en bois sculpté et doré.